DU DROIT D'HÉRITAGE

ET DE LA LIBERTÉ DE TESTER

LEURS LIMITES

Emploi des Sommes qui seront dévolues à l'État

CONFÉRENCE

FAITE A LA L∴ DE BÉLISAIRE, LE 26 JANVIER 1898

PAR

Le F∴ Paul BOUTANT

IMPRIMERIE TYPOGRAPHIQUE & LITHOGRAPHIQUE S. LÉON
15, Rue de Tanger, Alger

Du droit d'Héritage et de la Liberté de tester

DE LEURS LIMITES

DE L'EMPLOI DES SOMMES DÉVOLUES A L'ÉTAT

Vén∴ M∴
Off∴ Dign∴
et vous tous mes FF∴

J'ai l'intention de vous entretenir, ce soir, du droit d'héritage, de la liberté de tester, des limites à apporter à l'exercice de ces droits et de l'emploi des ressources qui résulteraient de l'application de ces limites.

Je ne me dissimule ni l'importance de la question, ni la difficulté de ma tàche, et, je n'aurais, certes, jamais osé entreprendre un pareil travail si je ne comptais sur votre extrême bienveillance ; je n'ai, en effet, ni l'expérience de la parole, ni l'habitude de m'exprimer devant un auditoire aussi compétent et par suite aussi redoutable.

I. L'héritage, dit M. Glasson, est nécessaire au développement de l'idée de famille. En effet, la constitution d'une famille emportant une idée de durée et de prévoyance, la transmission de la propriété par les pères à leurs descendants peut seule donner réalisation et satisfaction à cette idée. Aussi, croyons-nous que c'est le besoin de constituer des familles qui a fait peu à peu l'appropriation collective du sol et a conduit les peuples primitifs aux principes du droit de propriété privée. Mais on ne reconnut le droit de propriété que dans les limites nécessaires à la constitution des familles. Il en résulte que la possibilité de transmettre ce droit ne fut reconnue que dans la famille, que la succession *ab intestat* fut longtemps seule en usage et qu'elle nous apparait comme la source du droit de succession et comme donnant au droit de propriété un caractère sacré et public par son affectation à la conservation de la famille ; seule cette idée amena la reconnaissance du droit de propriété qui apparut ainsi plutôt comme le moyen d'accomplir un devoir que comme un droit ; et comme on peut bien renoncer à un droit, mais non à un devoir, la propriété fut inaliénable.

II. **Hindous**. — Nous voyons l'application de cette idée dans la législation hindoue. On est propriétaire à titre de chef de la famille et pour le compte de celle-ci ; c'est en quelque sorte un office public : « La propriété, dit le *Nilakhara*, ne naît ni du partage, ni du décès ; elle est préexistante, et l'homme en a le titre dans sa naissance. » La succession *ab intestat* est donc dans l'Inde la négation du droit individuel et repose sur les droits de la famille seule propriétaire. La loi de succession *ab intestat* était dans ce pays une loi de substitution perpétuelle des biens, ou mieux une loi de droit public réglant l'hérédité aux fonctions politiques et religieuses du chef de famille. Des dogmes religieux étaient en effet venus, sinon établir, comme le veut M. Fustel de Coulanges (5me édion p. 78), du moins symboliser l'institution de la famille. C'est ainsi que l'aîné était à la fois désigné comme le grand prêtre du culte des dieux et comme l'administrateur des biens de la famille (*Manou* LX. 104, 105).

Il fallait avant tout prévenir l'extinction d'une famille autour de laquelle avait grandi l'auguste idée d'un droit consacré par la religion ; elle faisait partie intégrante de l'Etat et sa conservation intéressait la société tout entière. On imagina de nombreuses formes d'adoption qui remédièrent à la stérilité des unions. On écarta les filles de la succession, ainsi que les parents par les femmes, afin que les familles puissent conserver les biens qui assuraient la perpétuité de celles-ci (*Manou* IX. 186, 187.). Quand malgré toutes ces précautions, la famille s'éteint, le principe primitif dont on s'était écarté reprend son empire. Dans l'intérêt de celle-ci la succession fait retour au roi, sauf celle du brahmane, qui est alors attribuée à sa corporation.

III. **Hébreux.** Le même esprit se retrouve dans la législation des Hébreux, dégagée des symboles religieux de l'Inde, ce qui montre bien que cet esprit était indépendant de ces symboles et leur avait donné naissance. La terre appartient à Dieu qui l'a partagée entre les tribus et les familles de son peuple. Non seulement une loi de substitution imposait un ordre déterminé dans la dévolution successorale (*Deutéronome.* XI, 16), mais la propriété était inaliénable, même du consentement de la famille (*Lévitique*, XX, V, Y, 28), car tous les 50 ans revenait le Jubilé ou *Jobel* qui faisait rentrer de plein droit chaque famille dans la possession des biens aliénés. « Dieu veut, en effet, que les familles se perpétuent indéfiniment avec les propriétés, *hereditario jure possidebetis in æternum* », c'était un dogme ; le propriétaire était sacré d'un titre indélébile, non dans son intérêt individuel, mais dans l'intérêt collectif des générations à venir qui seules donnaient la vie et la légitimité à son titre. Les filles n'ont part à l'hérédité paternelle qu'à la condition de se marier dans leur tribu, *ne commiscatur possessio filiorum Israël de tribu in tribum (Deutéronome XXXVI 67)*, encore sont-elles exclues par les fils et leur postérité, qui ne leur doivent qu'un dixième de l'hérédité à titre de dot. A défaut de filles, la succession était dévolue au père, puis aux frères, et à défaut de frères, aux enfants de la sœur mariée dans la tribu, puis aux oncles paternels (*de Pastoret* III, p. 469. 481).

La représentation avait lieu à l'infini même en ligne collatérale. La mère ne succédait pas à ses enfants, bien que ceux-ci lui succédassent, si elle était veuve; mais la femme succédait à son époux. Enfin l'adoption n'existait pas, mais le lévirat pouvait constituer une filiation posthume, *ut non deleatur nomen patris ex Israël* (*Deutéronome* XXV, 55).

IV. **Grèce.** — En Grèce, l'intérêt de la conservation du groupe originaire et civil de la famille se confond également avec l'intérêt de la société dont elle est le berceau et avec l'intérêt de la propagation de l'espéce, symbolisés dans la religion nationale. Aussi la loi des successions est également de droit public et des institutions analogues à celles de l'Inde sont le résultat de cette conception.

La propriété appartient à la famille; les filles devant la quitter en sont exclues moyennant une dot (Fustel de Coulanges, p. 87 ; en vain la voix du sang chercherait-elle à déroger à cette règle, le testament n'est pas admis. Les droits successoraux sont restreints aux parents pour les mâles; le droit d'aînesse est consacré (Fustel de Coulanges p. 92 et 379) et les biens civils de famille sont rompus par l'émancipation et l'adoption (Fustel de Coulanges, p. 87).

A Thèbes, la loi commande l'adoption là ou la famille est près de s'éteindre; il en est de même à Sparte. Mais le caractère de la propriété s'altéra; elle s'individualisa en retenant pourtant encore certains caractères de son état primitif, ce qui fait à dire à Aristote que la propriété est commune tout en restant particulière (*Politique* II. 2. 4). La fille continue à être exclue même en l'absence de fils, et la femme, incapable de tester, n'est guère capable que d'avoir un droit d'usufruit (Fustel de Coulanges, p. 382; Géraud, *Rev. de lég.* XVI p. III et 117).

A Athènes, c'est la loi de Solon qui amena cet affranchissement des propriétés, à la place du droit d'ainesse, il établissait le partage égal, mais entre les fils seulement. Il permettait le testament, mais seulement à l'homme qui mourait sans enfants (Fustel de Coulanges) et jamais à la femme. Enfin au-dessous de la parenté par les mâles, il reconnaissait une parenté par les femmes qui donnait des droits à la succession, mais seulement à défaut de parenté par les mâles (Fustel de Coulanges, p. 379 et s.).

Athènes s'était affranchie la première des liens religieux et politiques qui retenaient la société à son berceau; après Athènes, Thèbes, Corinthe admirent le testament et Sparte elle-même l'autorisa après la guerre du Péloponèse. A Athènes comme à Rome, dit M. Giraud, la propriété est de droit communal (*Rev. de législ.* XVI p. 106 et III), c'est-à-dire que la cité a un droit éminent sur les propriétés privées. Aussi l'étranger, à moins de devenir citoyen en obtenant l'isotélie, ne peut faire partie d'une famille, et par conséquent ne peut succéder ni même acquérir de tout autre manière le droit de propriété. A Sparte, la propriété privative existait au profit de la famille, dont la constitution primitive remise en vigueur par Lycurgue s'était longtemps conservée.

V. **Rome.** — A Rome, de vagues souvenirs, embellis par la poésie, nous montrent la communauté des terres sous le règne de Saturne (Viollet le Duc, bibliothèque de l'école des Chartes (t. 18) ; mais la propriété se partagea bientôt entre les familles et en conséquence Fustel de Coulanges (p. 93) conjectura que le droit d'aînesse, l'exclusion des filles moyennant une dot (p. 81), l'absence du testament (p. 89) caractérisent aussi le droit Romain à son origine. A défaut de preuves directes, on peut invoquer certaines présomptions, mais la plus forte de toutes se déduit de l'état de la famille romaine à l'époque historique. Le fils est héritier sien et nécessaire, c'est à dire qu'il se succède à lui-même, quand il prend en remplacement de son père défunt, l'administration des biens de la famille, car à vrai dire la propriété lui appartient déjà comme à tous les membres de la famille ; seule l'administration revient à un chef, le *pater*, pour le compte de tous. Mais elle lui revient à la fois comme un droit que la volonté de son auteur ne peut lui ravir et comme une obligation à laquelle sa propre volonté ne pourrait le soustraire. La loi des douze tables porta une atteinte profonde à ce droit de la famille en permettant l'usage du testament (*Sumer Maine*, p. 205). Puis le préteur acheva de ruiner le principe ancien en permettant au fils qui s'abstenait des biens de la succession paternelle de la répudier comme s'il avait été étranger, comme s'il n'avait pas été associé malgré lui à la bonne et à la mauvaise administration de son chef de famille.

PREMIER ORDRE. — C'est du lien créé par la sujetion à la puissance paternelle que découle le droit héréditaire.

On appelle en premier lieu les enfants placés sous cette puissance religieuse et civile. Ils vivaient sous le même toit dans une sorte de communauté de biens avec leur chef, l'auteur décédé, ils se succèdent en quelque sorte à eux-mêmes. De ce principe, il en résulte que les adoptés concourent avec eux, que les émancipés sont **exclus**, que pour hériter les enfants n'ont besoin de faire aucun acte d'acceptation. Ils continuent de posséder plutôt qu'ils n'héritent et sont héritiers malgré eux (*sui et ideo necessarii*). Il en résulte encore que la femme, *in manu* qui est *loco filiæ* dans la famille de son mari, prend une part dans sa succession et enfin le petit-fils étant directement sous la puissance de son grand-père, la représentation est admise en sa faveur à la mort de ce dernier. Quant à la femme elle ne peut avoir d'héritiers de cette classe, puisqu'elle est incapable d'exercer la puissance paternelle. D'elle on dit, *est caput et finis familiæ suæ*. Le fils sous puissance ne peut également laisser de succession. Peu à peu les préteurs, par des moyens détournés, admirent l'émancipé à la succession de son père. Les constitutions impériales généralisent l'application de cette faveur, le *senatus consulte* Orphilien appela les enfants à succéder à leur mère en dehors de sa famille civile, où ils ne se trouvaient pas, n'étant pas sous sa puissance. Il en résulta que les enfants naturels furent appelés dans cette succession sur le même pied que les enfants légitimes. Quant au fils de famille les constitutions impériales finirent par admettre une succession *ab intestat* s'ouvrant sur son pécule.

DEUXIÈME ORDRE. — A défaut d'héritier sien, est appelé l'agnat, c'est-à-dire celui qui s'est trouvé sous la même puissance que le défunt ou un de ses auteurs. Le plus proche seul de cet ordre est appelé ; s'il ne fait pas addition, c'est-à-dire s'il ne manifeste pas son intention d'accepter, il ne s'opère pas de dévolution à l'agnat au degré subséquent.

TROISIÈME ORDRE. — En troisième ordre, la succession était dévolue aux Gentils. On ignore le sens précis de ce mot ; on sait seulement que les Gentils étaient désignés par le même nom, que ni eux ni leurs auteurs n'avaient été soumis à des liens de clientèle ou d'esclavage. C'étaient sans doute les membres nobles de la « Gens » qui héritaient ainsi des anciens affranchis, de leur auteurs et de leurs propres clients, membres inférieurs de la même «Gens» ; ce qui le fait présumer, c'est que le droit héréditaire n'est fondé dans l'ancien droit romain que sur le lien de puissance qui tient lieu de lien de famille (Ortolan 7me éd^ion III, p. 31 et 5). Au reste, ces liens, affaiblis avec le temps finiront par disparaître ; copiant le droit civil, mais avec des corrections que le changement des mœurs et de la société romaine nécessitait, le prêteur humanisa le système étroit, arbitraire et dur du droit civil, en faisant prévaloir l'affection présumée du défunt pour ses cognats, c'est-à-dire ceux qui lui tenaient de plus près par les liens du sang. Mais cet ordre ne venait qu'à défaut des agnats, et il était nécessaire de remanier tout le système successoral du droit romain. Cette refonte, d'avance préparée par des constitutions impériales, fut définitivement consommée par le grand législateur Justinien. La propriété ne fut plus alors la chose de la famille civile, dévolue comme telle à la mort de son chef à ceux qui en avaient fait partie (*Summer Maine*, p. 205) elle appartient individuellement au propriétaire, et, en conséquence, à sa mort, c'est par ses affections présumés qu'on en régla la dévolution. Par suite, la cognation prit la place de l'agnation supprimée.

La famille naturelle telle que la créent les liens du sang, et non la soumission à une même puissance civile fût seule considérée pour la vocation héréditaire. De l'ancien système on ne conserva que la représentation et on l'étendit à la ligne collatérale jusqu'au deuxième degré, parce qu'on la jugea conforme aux affections présumées **du défunt.**

VI. Droit Germanique. — Dans les pays du Nord, un amour plus vif de la liberté individuelle fit prévaloir le système fédératif sur le système patriarcal. Ce n'était plus un lien de sujetion commune, mais le lien de la solidarité des fautes et des réparations qui reliait les membres de la famille et qui déterminait par suite la vocation héréditaire. Unie pour repousser l'injure, la famille continuait à poursuivre la réparation qui lui était due même après la mort du membre outragé. Elle succédait à ses inimitiés et nécessairement à ses biens, de même elle était obligée aussi après la mort de l'agresseur, de donner à la famille de la victime la réparation dont il était tenu. On ne peut pas plus renoncer à ces droits et à ces obligations pendant la vie qu'à la succession. La personne du défunt continue de s'identifier avec celle des membres de sa famille, tout en laissant à chacun d'eux la liberté individuelle et son initiative propre.

Ainsi, tandis que le fils naturel hérite parce qu'il est capable de faire respecter les droits de la famille par le glaive, la fille ne peut hériter ; bien plus, la femme est même un objet d'héritage, des règles spéciales déterminant l'ordre de succession à ce pouvoir domestique et le prix moyennant lequel le mari s'en rend acheteur lors du mariage. Au reste, l'alliance était un lien puissant entre la famille et la parenté par les femmes étaient prises en considération. L'hérédité se partageait d'ordinaire entre plusieurs personnes d'après certaines règles indépendantes de la volonté du défunt.

Le Christianisme aidé du droit romain triompha peu à peu de ces coutumes. La faïda (ou le droit de vengeance), dit un édit de Childebert, est païenne et a détruit beaucoup de familles, aussi, ne la permet-il que contre le meurtrier seul. Bientôt on put se soustraire à l'exercice de la faïda en renonçant à la succession. Avec ce lien constitutif de la fédération familiale, la fédération elle-même allait s'affaiblissant, la justice sociale en tenait lieu ; on put alors revenir au droit naturel. Le testament fut admis au profit de ceux qui ne laissaient point d'enfants.

Les filles succédèrent aux acquêts seuls ; la terre transmise par les aïeux, *terra aviatica* chez les francs *terra salica*, fut réservée aux mâles, mais pour compenser cette exclusion commandée par les anciens principes, la femme et les parents par les femmes étaient préférés aux mâles sur les autres biens d'après des règles qui variaient. Quant à l'enfant naturel, on restreignit peu à peu ses droits sans qu'on put les supprimer d'une façon générale surtout au Nord.

VII. **Coutumes.** — *Droit intermédiaire.* — Bientôt le droit germanique s'effaça au contact du droit romain dans le midi de la France, appelé pays de droit écrit. Comme ces pays avaient été détachés de l'empire romain avant la réforme de Justinien on y suivit le droit antérieur à ces formes jusqu'au XV⁰ siècle, époque à laquelle les collections du droit de Justinien pénétrèrent dans la pratique par les écoles de droit. Quelques coutumes dues surtout à l'influence du christianisme, modifiaient seules en quelques points le droit romain (Brocher Succ. Hered. p. 189). Au Nord de la France, au contraire, le droit romain qui régissait les habitants des pays conquis céda la place au droit des conquérants, transformé pour les besoins nouveaux, tout en laissant dans la législation la trace de son influence qui alla grandissant et finit par le dénaturer sur bien des points (Brocher p. 252). De là une très grande diversité dans les coutumes qui régissaient le pays. On les ramenait au point de vue de la succession aux biens de familles ou propres à quatres classes. Dans les coutumes souchères, fidèles aux traditions germaniques, il fallait pour succéder à un propre, descendre de la personne même qui l'avait mis dans la famille du défunt. Dans les coutumes de droit romain, il suffisait que ce fonds eut appartenu à un ascendant commun entre la famille du défunt et son héritier. Dans les coutumes de côté et ligne qui étaient les plus nombreuses, il fallait seulement être parent de la personne qui avait mis ce fonds dans la famille. Dans les coutumes de simple côté, on ne remontait pas au delà de la mère et du père du défunt. Il suffisait d'être parent maternel du défunt pour succéder à ses propos maternels, d'être son parent paternel pour succéder à ses propres paternels, suivant la règle *paterna paternis, materna maternis.*

Mais au Nord comme au Midi, la féodalité fit admettre le droit d'ainesse dans la succession aux fiefs, sorte de dotation des charges militaires concédées à une personne à titre héréditaire et qui ne devaient pas être démembrées. Par esprit d'imitation, on étendit bientôt aux autres biens ce droit aussi étranger au droit germanique qu'au droit romain. Les coutumes l'admirent avec des variations infinies et quelques-unes l'étendirent même aux biens roturiers. Le droit romain et le droit germanique viennent se fondre dans le droit intermédiaire. (Dict^re Enreg^t V° Succession n°s 1 et suiv.).

Ce grand travail d'unification, préparé par les ordonnances des rois de France et par la doctrine, fut alors définitivement consommé sous l'influence et à la faveur des changements politiques qui s'opéraient sur la constitution des pouvoirs publics. On amena à la simplicité du droit romain le droit de propriété en le débarrassant des substitutions et du retrait lignager; on supprima les complications que faisaient naître dans les successions les distinctions tirées de l'origine et de la nature des biens ; on proclama l'égalité des droits entre les enfants sans distinction d'âge ni de sexe et le 9 floréal, an XI (29 avril 1803) fut promulgué le titre 1er du livre III du Code Civil qui réglemente encore à l'heure actuelle, sous quelques modifications, la dévolution des successions en France. Je crois inutile de rapporter ici textuellement les dispositions de cette partie du Code qui sont connues de tout le monde. Je rappellerai seulement que le Code a institué trois ordres d'héritiers : les ascendants, les descendants, les collatéraux ; que la représentation n'existe pas pour les ascendants (art. 741) alors qu'elle est admise à l'infini dans la ligne directe descendante (art. 740) et en faveur des enfants et descendants des frères ou sœurs du défunt dans la ligne collatérale (art. 742), que les successions *ab intestat* s'étendent jusqu'au 12me degré inclus (art. 755), que les enfants naturels même reconnus ne sont pas héritiers, la loi ne leur accordant que des droits sur les biens de leur père ou mère (art. 756). Ces droits sont combinés de telle sorte que l'enfant naturel ne recueille la totalité de la succession de ses père et mère que lorsque ceux-ci ne laissent pas de parents au degré successible (art. 758), enfin après les enfants naturels vient le conjoint non divorcé (art. 767) et à défaut de ce dernier la succession est acquise à l'Etat (art. 768).

Les dispositions monstrueuses et contre nature qui réglementaient la situation du conjoint et de l'enfant naturel ont été heureusement modifiées, en ce qui concerne le premier, par la loi du 9 mars 1891 qui attribue dans tous les cas à l'époux survivant un droit d'usufruit sur la succession de l'époux prédécédé, en ce qui concerne le second, par la loi du 25 mars 1896, dont les principales dispositions peuvent être résumées ainsi qu'il suit : la qualité d'héritier est reconnue à l'enfant naturel reconnu qui a droit à la moitié de la portion qu'il aurait eue s'il eut été légitime quand le père ou la mère a laissé des descendants ; aux trois quarts, lorsque les père ou mère ne laissent pas de descendants, mais bien des ascendants ou des frères et sœurs ou des descendants légitimes des frères et sœurs ; à la totalité des biens quand les père et mère ne laissent ni descendants, ni frères ni sœurs, ni descendants légitimes de frères ou sœurs.

La situation des enfants naturels reconnus a donc été sensiblement améliorée, mais il ne vous échappera pas qu'elle est encore de beaucoup inférieure à celle des enfants légitimes. Cette inégalité, que rien ne justifie, ne saurait subsister dans une société véritablement démocratique et il y a lieu d'espérer qu'une nouvelle réforme assimilera bientôt complètement les enfants naturels et les enfants légitimes, qui, ayant envers la société les mêmes devoirs ont droit à la même protection. Des dispositions à peu près analogues à celle du Code Civil régissent les autres peuples civilisés de telle sorte qu'on peut dire qu'à l'heure actuelle le droit d'héritage est universellement admis chez les peuples modernes. Mais cette quasi unanimité suffirait-elle à elle seule pour justifier aux yeux d'un homme sage et exempt de préjugés l'existence du droit d'héritage. Je ne le pense pas. En effet, de ce qu'une erreur est universellement acceptée, il ne s'en suit pas que cette erreur devienne une vérité ; de ce qu'une théorie fausse a de très nombreux adeptes il n'en résulte pas que cette théorie devienne vraie. Dans cet ordre d'idées, il a été admis pendant de nombreux siècles que le soleil tournait autour de la terre, alors que les travaux de Galilée ont finalement démontré qu'en réalité la terre gravitait autour du soleil. Heureusement pour eux les partisans du droit d'héritage ont d'autres arguments à invoquer à l'appui de l'opinion qui leur est chère.

Ces arguments sont de trois sortes :

1° L'Héritage est le Complément de la Propriété Individuelle

En effet, les objets qui constituent la propriété ayant été transformés d'une manière durable par l'homme, cette transformation ne cesse pas à sa mort et on comprend qu'il ait le droit d'en disposer. Si un homme, par exemple, par son travail ou ce qui est la même chose en déléguant à d'autres travailleurs une partie des consommations auxquelles il a personnellement droit, s'est fait un mobilier ou une maison, tant celle-ci que celui-là lui survivent; on comprend donc qu'il puisse laisser ces choses durables, qui sont son œuvre, à qui lui plaît, en investir qui bon lui semble. Si au lieu d'un mobilier ou d'une maison, cet homme a pris un terrain nu et l'a planté soit en vignes soit en arbres fruitiers, soit en pins ou en chênes, toutes ces plantations qui sont sa chose lui survivent, et il est équitable qu'ayant créé des utilités prolongées ou mêmes perpétuelles, il puisse les laisser après lui à la personne qu'il désigne. Sans l'héritage, il n'y a pas de propriété véritable, il n'y a qu'une tenue précaire, puisque la chose qui est l'œuvre d'un homme, passe bientôt entre des mains qui sont autres que celles qu'il eut préférées.

2° La Notion de l'Héritage est liée à la Notion de Famille

La famille n'est très fortement constituée que dans les pays de propriété personnelle et d'héritage. Ainsi la famille monogame avec un état civil régulier, la transmission d'un nom patronymique ne se rencontrent guère que chez les peuples sédentaires, agricoles, pratiquant la propriété privée et respectant l'héritage individuel. Ces deux principes ont constitué la famille forte et émancipé l'individu. En effet, l'héritage repose sur le droit qu'a un homme qui, par son travail, son intelligence, son épargne. a créé de la richesse, de la transmettre à la personne qu'il affectionne. En l'absence de testament précis, les plus proches parents sont considérés comme devant hériter du mort, parce que en général, un lien particulier d'affection les unissait à lui, parcequ'aussi ils ont souvent participé directement ou indirectement à la formation ou à la conservation de la richesse du décédé, ce qui est le cas habituel pour sa veuve, pour ses enfants, parfois pour ses frères, ou parceque le décédé et ses parents collatéraux qui héritent de lui descendraient d'un ancêtre commun qui avait lui-même amassé ces biens.

3° La Structure sociale reposant sur la Propriété privée exige le maintien de l'héritage

La structure qui s'est le plus épanouie dans l'humanité, par suite de l'instinct humain et des nécessités du milieu, c'est celle de l'activité et de la responsabilité individuelles, trouvant leur sanction dans la propriété privée. Une propriété privée qui n'a que la durée de la vie du possesseur est naturellement précaire. Chacun sait que les usufruitiers administrent en général beaucoup moins bien que les propriétaires ; à peine peut-on attendre des premiers un entretien convenable de la chose dont ils sont les détenteurs en quelque sorte provisoires ; quant à espérer qu'ils fassent des changements, des améliorations, qu'ils hasardent de nouvelles incorporations de capitaux au sol ou de nouvelles méthodes cultu-

râles demandant de notables frais, chacun est d'accord
que c'est une chimère. L'usufruitier serait dupe s'il
agissait ainsi. Le Code civil français, qui a été rédigé
avec beaucoup d'expérience, et en pleine connaissance
des faiblesses humaines, ne met même pas à la charge de
l'usufruitier les reconstructions de bâtiments écroulés ;
il lui interdit les changements d'affectation des terres ;
il oblige sa succession à indemniser les propriétaires, à
l'expiration de l'usufruit, si la jouissance a été manifes-
tement déprédatrice, si par exemple dans une cour
plantée de pommiers ceux-ci ont disparu.

Cette prévoyance du code, ces relations souvent diffi-
ciles entre usufrutiers à vie et propriétaires, ces indemni-
tés dues parfois, témoignent de l'infériorité de l'usufruit
relativement à la pleine propriété. en ce qui concerne
la production, l'entretien et à plus forte raison le progrès
cultural. Combien plus difficile serait cette situation si
le nu propriétaire, au lieu d'être un particulier était
l'Etat, ce qui amènerait nécessairement la suppression
de l'héritage ! Cette mesure entraînerait pour la propriété foncière l'arrêt presque absolu de toutes les
améliorations durables. Elle produirait des effets encore
plus pernicieux ; elle nuirait à l'entretien même des biens,
beaucoup plus que ne ferait la propriété expirant à
terme fixe. Une propriété qui aurait 100 ans ou même
80 ans de durée, tant qu'on ne serait pas dans la dernière
ou dans les deux dernières décades de cette période,
permettrait non pas certes des améliorations fonda-
mentales et d'un rapport à longue échéance, mais du
moins un entretien convenable ou à peu près convenable
de toutes les installations et des bâtiments ; une propriété
purement viagère, c'est-à-dire pouvant cesser à chaque
instant, serait entretenue avec beaucoup moins de
prévoyance et péricliterait davantage. Le détenteur

viager serait nécessairement un détenteur négligent et peu progressif. Enfin l'héritage a pour effet, comme pour objet, l'augmentation et la conservation du capital autant dans l'intérêt social que dans l'intérêt individuel. Il existe et il prolonge l'activité et l'épargne de l'homme, il ouvre à son esprit des horizons illimités, il donne à son œuvre un caractère de perpétuité ; sans l'héritage, les efforts et les épargnes de l'individu se borneraient à la satisfaction de ses besoins immédiats ou très prochains. A 40 ou 50 ans, ce qui est le cas pour tous les hommes entreprenants et habiles, si l'on avait assuré le repos et le confortable de sa vie ultérieure, on cesserait de travailler et surtout d'économiser.

Un économiste anglais, M. Alfred Marshall, a développé cette idée que le principal motif de l'épargne est l'affection de la famille : « que les hommes travaillent et épargnent principalement par le souci de leurs familles et non d'eux-mêmes, cela est prouvé par ce fait que rarement ils dépensent, après qu'ils se sont retirés de la carrière, plus que le revenu qui leur vient de leurs économies, préférant laisser intacte une richesse accumulée pour leur famille ; tandis que dans cette contrée seule (le Royaume-Uni) 20 millions sterling par an (500 millions de francs) sont épargnés sous la forme de polices d'assurances et ne peuvent être disponible qu'après la mort de ceux qui les ont mis de côté. Un homme ne peut avoir de plus fort stimulant à l'énergie et à l'entreprise que l'espoir de s'élever dans la vie et de laisser ses enfants partir d'un degré à l'échelle sociale plus haut que celui de ses débuts à lui-même. Ce stimulant peut même se changer en une passion prépondérante qui réduit à l'insignifiance le désir du bien-être ou des plaisirs ordinaires et qui quelquefois même détruit les sentiments raffinés et les aspirations

plus nobles. Mais comme il est prouvé par la merveilleuse croissance de richesse en Amérique durant la génération présente, ce stimulant rend l'homme un puissant producteur et accumulateur de richesse.

J'ai tenu à reproduire presque intégralement cette argumentation d'un des plus ardents et des plus connus partisans du droit d'héritage, j'ai nommé M. Paul Leroy Beaulieu, professeur au collège de France, en raison même de ce que cette argumentation, quelque remarquable qu'elle soit, ne m'a pas entièrement convaincu et ne m'a pas paru suffisante pour justifier l'exercice à l'infini du droit d'héritage, comme le préconise M. Leroy Beaulieu (*Traité théorique et pratique d'économie politique*, t. I, p. 603).

Les arguments du savant économiste peuvent en effet être résumés en les trois propositions suivantes : 1° le créateur de la richesse doit avoir la liberté absolue d'en disposer ; 2° le droit d'héritage développe l'idée de famille dont il est le complément naturel et indispensable ; 3° ce droit engendre l'activité humaine, il incite à l'épargne et à l'économie, est un des facteurs les plus puissants de l'augmentation de la richesse et par suite du bien-être social. Au premier de ces arguments, je répondrai simplement que si l'on doit accorder à chaque citoyen le maximum de libertés possibles, c'est à condition que ces libertés ne nuisent pas à la nation, la liberté individuelle doit nécessairement céder le pas à l'intérêt de la collectivité, et l'intérêt particulier à l'intérêt général. Or, il n'est pas douteux que l'intérêt de la nation est de voir revenir au fond commun, dans la plus large mesure, le plus grand nombre de richesses ; si donc on laisse au propriétaire le droit absolu de disposer de sa chose, on porte aussi préjudice à l'Etat dont on méconnaît les intérêts. D'un autre côté, un principe d'économie politique est que chacun doit avoir pour son lot la richesse qu'il a réussi à produire. Or, ce principe reçoit une atteinte énorme dès lors que ceux qui possèdent la richesse l'ont reçue à titre gratuit, c'est-à-dire par donation ou par héritage de ses producteurs. Enfin l'inégalité entre les membres de la société, qui est la conséquence forcée de l'héritage, donne lieu à un déchaînement de haines et de jalousies, d'une part, à des habitudes d'oisiveté et de paresse, au mépris des autres, d'autre part, sentiments qui ne peuvent que porter le plus réel dommage à la prospérité et à la grandeur de la Nation. A ces différents points de vue, la suppression absolue du droit de disposer de ses biens après sa mort, semble s'imposer ; mais une pareille conclusion pourrait paraître trop rigoureuse et il semble qu'il conviendrait de concilier les deux intérêts en présence en limitant, par exemple à la moitié de la fortune le droit du propriétaire, la seconde moitié devant nécessairement être dévolue à l'Etat, en cas d'absence d'héritiers au degré successible.

Le deuxième argument de M. Leroy-Beaulieu me paraît tout aussi critiquable. En effet, s'il est exact de soutenir que la pensée par le père de famille de laisser à ses enfants une situation meilleure peut l'encourager à augmenter son avoir, de développer son activité, le rendre tout à la fois entreprenant et avisé, si cet espoir, par suite, contribue au développement de la richesse en général, il est certain que cette idée perdra de son influence à mesure que s'éloignent les degrés de parenté. L'affection ressentie pour les enfants subsite encore pour les frères et sœurs, les oncles ou les tantes, peut-être même les cousins germains ; mais au-delà du quatrième degré, ce sont les relations seules plus ou moins intimes, plus ou moins affectueuses, qui constituent les liens de famille en dehors et sans le concours des liens du sang. C'est ainsi qu'on me persuadera difficilement que la perspective douloureuse de ne pas voir hériter de ses biens un cousin de dixième ou onzième degré, dont la plupart du temps il soupçonne à peine l'existence, suffira à transformer un travailleur actif et économe, en un dissipateur oisif et prodigue. L'argument invoqué par les partisans du droit d'héritage, ne conserve donc sa valeur que lorsqu'il s'agit de proches parents ; il peut suffire à justifier l'exercice de ce droit, ainsi que je le disais tout à l'heure, jusqu'au quatrième degré ; mais au-delà il a perdu toute force probante et ne peut être considéré que comme un argument de pure forme.

Dès lors qu'on maintient la succession *ab intestat* jusqu'au quatrième degré, le troisième argument de M. Leroy-Beaulieu tombe de lui-même. L'Etat en effet ne devient pas le nu propriétaire de toute la richesse, puisque les possesseurs ont le droit de la transmettre à leurs plus proches parents. Ils ont donc, comme avec le système actuel, tout intérêt à se montrer les meilleurs gérants possible de cette fortune qui doit revenir à des êtres chers ; et si par hasard le *de cujus* n'a pas d'héritiers au degré successible, il pourra toujours suppléer au silence de la loi par la faculté de tester qui lui est accordée. La limitation même de ce droit ne peut qu'accroître son activité puisque ne pouvant léguer que la moitié de sa fortune, il s'efforcera de rendre cette moitié plus considérable afin de rendre moins sensible le prélèvement légal effectué au profit de la Nation.

Mes frères, une simple et sèche statistique vous permettra d'apprécier le bénéfice considérable que retire-

rait la collectivité de la mise en vigueur des mesures
que je propose. Les successions ont atteint en France :
4.914 millions en 1881, 5.026 millions en 1882, 5.244
millions en 1883, 5.078 millions en 1884, 5.406 millions en 1885, 5.369 millions en 1886, 5.409 millions
en 1887, 5.372 millions en 1888, 5.058 millions en
1889, 5.811 millions en 1890, 5.791 millions en 1891,
enfin 6.404 millions en 1892. (*Bulletin de Statistique*
publié par le Ministère des finances). Ces sommes se
sont réparties pour l'année 1892, pour chaque ligne,
de la manière suivante :

A la ligne directe.............. 4.263.773.150 fr.
Entre époux .... 659.126.536 »
A la ligne collatérale entre frères
et sœurs, oncles et tantes. neveux et nièces.............. 913.881.478 »
Entre grands oncles, grandes tantes, petits neveux, petits nièces
et cousins germains.......... 170.309.667 »
Entre parents au-delà du quatrième
degré jusqu'au douzième degré 138.590.395 »
Entre personnes non parentes.... 259.202.759 »

Total..... 6.404.883.985 »

Ainsi les valeurs dévolues aux parents du quatrième
au douzième degré et celles léguées à des étrangers
s'élèvent pour l'année 1892 à la somme totale de
397.793.154 fr., soit en chiffres ronds 400 millions. Si
la réforme que je préconise avait été adoptée, en
admettant même que tous les défunts aient usé de la
faculté qui leur eut été accordée de léguer la moitié de
leur fortune à un tiers, ce qui paraît peu probable,
l'Etat n'en aurait pas moins recueilli la somme énorme
de 200 millions. Il me paraît inutile d'insister sur les

améliorations sociales qui pourraient résulter de l'emploi intelligent d'un pareil capital, j'indiquerai d'ailleurs tout à l'heure la destination qui, à mon avis, devrait être donnée aux fonds ainsi dévolus à l'Etat. Mais préalablement, je veux examiner si en dehors de la limitation du droit d'héritage, il n'est pas juste que les biens recueillis sans travail par les héritiers, soient soumis à une taxe successorale. Je n'hésite pas à me prononcer pour l'affirmative. La négative, il est vrai, a été soutenue par de nombreux théoriciens, mais leurs arguments, que je vais brièvement rappeler, ne me paraissent pas avoir assez de poids pour motiver l'exemption qu'ils réclament.

Le plus ancien exposé historique de la taxe successorale qui nous soit parvenu. est celui de Pline le Jeune dans son *Panégyrique de l'empereur Trajan*. Pline approuve peu habilement d'ailleurs, les réformes de Trajan, en particulier l'exemption accordée en toutes circonstances aux parents les plus proches. A l'appui de son opinion, il fait remarquer qu'une taxe aussi lourde que la taxe successorale ne peut être supportée qu'avec beaucoup de répugnance par ceux dont les droits à recueillir une succession dérivent des liens du sang, de la gentilité et de la communauté du culte privé, pour ceux qui ont toujours considéré les biens qui la composent comme un patrimoine familial soumis à leur jouissance et dont ils transmettront la jouissance à leurs héritiers. On ne peut exiger, dit-il, d'un père qui vient de perdre son fils de dresser, au moment même d'une si cruelle séparation, un inventaire des biens que ce fils lui laisse ; le frapper d'une taxe à ce moment même serait ajouter encore au poids de son affection, traiter le père et le fils comme étrangers l'un à l'autre. Pour un père, devenir le seul héritier de son propre fils constitue une peine assez grande pour que l'Etat s'abstienne d'y ajouter encore par son importune intervention comme cohéritier.

Adam Smith a exposé d'une manière moins sentimentale mais plus scientifique les motifs qui peuvent être invoqués en faveur de l'exemption complète des héritiers en ligne directe (*Wealth of Nations,* l. V, ch. II p^ie II, appendice aux articles 1 et 2). La mort d'un père, dit cet économiste, à l'égard des enfants qui vivent et habitent avec lui, est rarement accompagnée d'un accroissement de richesse ; le plus souvent, elle amène une diminution considérable de revenu par la perte de l'industrie, de l'emploi, des revenus viagers qu'il pouvait avoir. Une taxe qui viendrait aggraver leur perte en leur arrachant une part quelconque de la succession serait cruelle et oppressive. Il peut, sans doute, en être parfois autrement à l'égard de ces enfants qui, dans le langage de la loi romaine, sont désignés sous le nom d'émancipés, que la loi écossaise appelle *foris, familia-ted*, ceux qui ayant reçu leur part d'héritage se sont créé une famille particulière, vivant de ressources séparées et indépendantes de celles de leur père.

Quelle que soit la part héréditaire qui puisse revenir aux enfants de cette catégorie, elle constituera pour eux un réel accroissement de fortune et pourra peut-être être frappée d'une taxe sans plus d'inconvénients que ceux qu'entraîne tout impôt de ce genre. Mais abandonnant bientôt cette dernière idée dans laquelle il semble admettre la taxe successorale dans certains cas, Smith s'élève contre toutes les taxes successorales, en général, de même que contre toutes les taxes sur la transmission des biens, par le motif que le nombre des transmissions en un temps donné n'étant pas le même pour tous les

biens d'une valeur égale, l'impôt prélevé sur ces mutations n'est pas proportionnel à la valeur de ces mêmes
biens. Il fait aussi valoir contre la taxe cette raison :
« qu'elle tend à diminuer les capitaux destinés à assurer
la production par le travail. Les revenus du souverain,
ajoute-t-il ne servent en effet qu'à l'entretien de travailleurs improductifs. » (Années 1775-1776).

Ricardo a développé cette dernière objection dans les
termes suivants : « Il devrait entrer dans la régle politique des gouvernements de ne lever jamais de tels
impôts qui atteignent infailliblement le capital puisqu'en
les établissant on diminue les capitaux mis en œuvre
par le travail et par suite on affaiblit la production future
du pays. Si un legs de 1000 fr. est assujetti à un droit
de 100 fr., le bénéficiaire ne considère son legs que comme
ayant une valeur de 900 fr. et n'a aucun motif particulier
de prélever les 100 fr. de droit sur son revenu, le capital
national est diminué d'autant. Mais s'il a réellement reçu
1000 fr. et si on lui réclame le paiement d'une somme de
100 fr. comme taxe sur le revenu, sur le vin, sur les
chevaux, sur les domestiques, il diminuera sans doute
ou n'augmentera pas sa dépense de cette somme; de
cette manière le capital national ne se trouvera pas diminué (*Principles of political Economy and Taxation*,
ch. VIII, année 1816). J. B. Say pense également que le
capital national subirait une diminution égale au
montant de la taxe successorale (*Traité d'économie
politique*, 8e édion t. III, ch. IX); il ne peut s'empêcher
de reconnaître toutefois que de toutes les taxes elle est
la moins difficile à payer et il est obligé d'en conclure
qu'elle ne peut devenir injuste que lorsqu'elle est portée
à un taux excessif (*Cours complet d'Economie politique*,
8e pie, ch. IV, année 1803).

L'objection de Ricardo a été critiquée par Mac Culloch

dans son ouvrage *Taxation and lu funding system* p. 290, en ces termes : « L'amoindrissement du capital opéré par la taxe à l'égard du légataire est peut-être exactement exposé par M. Ricardo, mais il est permis de supposer que toute personne qui possède des biens sait qu'il seront assujettis à une taxe lors de son décès et prend en conséquence, les mesures nécessaires afin d'épargner et d'amasser une somme suffisante pour que ses héritiers ne subissent aucun préjudice à raison du paiement qu'ils seront tenus d'effectuer. Cette circonstance joint au fait que la taxe ne devient exigible qu'au moment où ses débiteurs reçoivent de l'argent ou d'autres biens et par conséquent, au moment où il est le plus facile pour eux de l'acquitter parait-être une réponse suffisante aux objections qui ont été élevées contre elle. » (Année 1825).

Mais les critiques dirigées contre la taxe successorale ont été surtout victorieusement combattues par John Stuart Mill (*Principles of Political Economy*, l. V, ch. II 87, année 1848) qui s'est exprimé de la manière suivante : « Ces critiques ne peuvent s'appliquer aux pays qui ont une dette nationale et qui emploient une portion de leur revenu à l'amortir, puisque le produit de la taxe ainsi employé ne cesse pas d'être un capital et est simplement transporté des mains du contribuable dans celles du créancier de l'Etat. Mais elles ne peuvent jamais être soulevées dans un pays dont la richesse s'accroît rapidement. Les sommes provenant chaque année d'un droit de succession, même très élevé, ne représentent qu'une petite partie de l'accroissement annuel du capital de ce pays, la diminution causée par leur prélèvement est rapidement compensée par l'épargne. Si ce prélèvement n'était pas effectué, ou cette épargne ne se produirait pas, ou bien, une fois réalisée, elle serait employée en dépenses somptuaires qui profiteraient aux nations étrangères. »

En dehors des arguments de Stuart Mill, on peut faire remarquer qu'il est juste que les valeurs composant un héritage soient assujetties à un impôt par les motifs que le droit héréditaire ou le droit de recueillir un legs ne sont pas des droits naturels, mais des privilèges accordés par la loi positive ; que ceux qui tirent bénéfice de ces privilèges doivent quelque chose à l'Etat en retour de l'application des lois qui leur permettent d'entrer en possession des biens de la personne décédée, aussi bien qu'en raison de la protection contre les entreprises illégitimes qui leur est accordée au moment où s'effectue la transmission de propriété ; qu'il est naturel que les dépenses occasionnées par la répression des crimes ou délits commis contre les successions soient supportés, au moins en partie, par ceux qui bénéficient directement et d'une manière évidente de l'action de la justice.

L'examen des dispositions des lois actuellement existantes chez les peuples civilisés montre la faveur accordée aux partisans de la taxe successorale. C'est ainsi qu'un impôt de cette nature existe en Hollande depuis 1598, dans la République Helvétique depuis 1798, en Prusse depuis 1822, en Autriche depuis 1759, en Italie depuis un demi-siècle avec un tarif allant jusqu'à 15 0/0 depuis la loi du 22 juillet 1894 ; en Russie depuis 1882, en Angleterre depuis 1694, en Australie depuis 1866, au Cap de Bonne-Espérance depuis 1864, au Canada depuis 1892, aux Etats-Unis depuis 1826, au Guatemala depuis 1881. La taxe successorale existe également en Espagne où toute disposition en faveur de l'aîné des enfants est assujettie à un droit de 12 0/0, en Belgique où le droit le plus élevé est de 13,80 0/0, à Monaco, en Roumanie, dans le Grand Duché de Luxembourg, au Danemark, en Suède, en Norvège, au Portugal et en Grèce ; de telle sorte qu'il est permis d'affirmer que si l'exercice du droit d'héritage est à peu près universellement admis, tout au moins sous certaines réserves, l'impôt de mutation par décès est universellement établi.

En France, les redevances féodales sur les transmissions de la propriété y compris celles qui s'opèrent des défunts à leurs héritiers, semblent avoir pris rang parmi les impôts nationaux au seizième siècle. En 1553, la formalité de l'insinuation (*Dict. des finances,* t. II, 392), imposée à quelques actes déterminés en 1539, fut étendue par Henri II aux dispositions testamentaires, aux ventes et à certains autres contrats qui furent en conséquence atteints par la taxe exigée par leur enregistrement. En 1703, Louis XIV assujettit toutes les transmissions d'immeubles, soit entre vifs, soit par décès, excepté celles en ligne directe, à l'insinuation et à la taxe de 1 0/0 qui en formait le salaire, connue sous le nom de centième dernier. Jusqu'à la Révolution, les dispositions testamentaires furent sujettes à la fois à l'insinuation et au droit de contrôle.

La taxe successorale française d'aujourd'hui fait partie des droits d'enregistrement établis par la loi du 22 frimaire, an 7, et quelques lois modificatives. Le tarif originaire qui établissait pour les meubles des droits inférieurs à ceux frappant les immeubles a été modifié sur ce point ; ces deux genres de propriété sont assujettis au même droit. On a en outre augmenté les droits de décimes additionnels qui s'élèvent au quart du droit principal, de telle sorte que les taux actuels sont les suivants :

En ligne directe.................... 1,25 0/0

Entre époux.......................... 3,75 0/0
Entre frères et sœurs, oncles et tantes,
   neveux et nièces.................... 8,125 0/0
Entre grands oncles, grand'tantes, petits
   neveux, petites nièces et cousins germains.............................. 8,75 0/0
Entre parents compris entre le quatrième
   et le douzième degré inclus........... 10 0/0
Entre personnes non parentes......... 11,25 0/0

Ainsi les droits, proportionnels dans la même ligne, quelle que soit l'importance de la succession, sont progressifs suivant le degré de parenté. Ils devraient, selon moi, être également progressifs selon l'importance de la succession. En effet, une taxe successorale, établie dans le but d'opérer la diffusion de la richesse, doit être nécessairement progressive, car autrement elle frappera les petites successions dans la même proportion que les successions importantes; à mon avis, elle devrait être en outre combinée de manière à assigner des limites absolues au droit d'acquérir des biens par succession ou par legs. C'est ainsi par exemple qu'en fixant cette limite à 15 millions de francs on pourrait établir pour la ligne directe un tarif gradué de la manière suivante :

Sur les premiers 10.000 francs............. 0 0/0
De 10.000 à 20.000 francs................. 1 0/0
De 20.000 à 50.000 francs................. 2 0/0
De 50.000 à 100.000 francs............... 5 0/0
De 100.000 à 500.000 francs.............. 8 0/0
De 500.000 à 1 million.................... 10 0/0
De 1 à 2 millions......................... 15 0/0
De 2 à 3 millions......................... 20 0/0
De 3 à 4 millions......................... 25 0/0
De 4 à 5 millions......................... 30 0/0

De 5 à 6 millions........................   40 0/0
De 6 à 7 millions........................   50 0/0
De 7 à 8 millions........................   60 0/0
De 8 à 9 millions........................   70 0/0
De 9 à 10 millions.......................   80 0/0
Au-dessus de 10 millions................   100 0/0

De cette sorte la somme qui pourrait être recueillie par voie héréditaire serait au maximum, déduction faite des droits, de 6.014.800 francs, chiffre qui me paraît encore constituer un assez joli denier pour mettre son possesseur à l'abri du besoin.

L'éminent économiste Stuart Mill a justifié l'impôt progressif sur les successions en ces termes : « Ce ne sont pas les fortunes amassées par le travail, mais celles acquises sans effort, auxquelles il convient pour le bien public d'assigner des limites; il me semble que les successions et les legs dépassant un certain chiffre sont matières imposables au premier chef et que le revenu doit être porté aussi haut qu'on peut le faire sans donner lieu à des fraudes telles qu'il deviendrait impossible de les réprimer dans une mesure suffisante. Le principe de la graduation comme on l'appelle, c'est-à-dire le mode de perception qui consiste à prélever un pourcentage d'autant plus considérable que la somme assujettie aux droits est plus élevée, bien que son application générale aux impôts soit à mon avis fort critiquable, me paraît tout à la fois juste et convenable si on l'applique aux droits sur les legs et les successions. » *(Principles of political Economy,* L. V. ch. II, 3). Mais l'opinion de Stuart Mill ne pouvant pas être acceptée par quelques esprits timorés et son autorité étant susceptible d'être méconnue, je vais me permettre de reproduire un extrait d'un projet de loi présenté le 24 juillet 1894 à la Chambre des députés au nom de

M. Casimir-Périer, président de la République française, par M. Poincaré, ministre des Finances, dans lequel la défense de l'impôt progressif est ainsi présentée : « Cet impôt, l'impôt des successions, n'est pas et ne doit pas être, selon nous, autre chose qu'un des modes par lesquels les citoyens contribuent aux dépenses publiques. Mais nous pensons que le taux des droits doit être calculé sur les facultés des contribuables ; car ces facultés sont ici plus grandes qu'en toute autre matière, parce que l'impôt frappe le redevable au moment où il s'enrichit sans effort, sans travail, souvent d'une manière inespérée. Suivant l'expression de M. de Parieu, la taxe ne fait en définitive qu'atténuer l'avantage attaché à l'entrée en possession d'un surcroît de richesse. De plus, l'impôt sur les successions a, comme l'a justement fait remarquer M. Passy, cette indéniable supériorité sur beaucoup d'autres contributions d'être direct dans le vrai sens du mot, puisqu'il est réellement supporté par le contribuable auquel il s'adresse sans donner lieu aux incidences souvent inattendues qui résultent de la plupart des taxes fiscales.

Depuis longtemps, le législateur, tenant compte de ces considéraitons diverses, a établi un tarif progressif suivant le degré de parenté ; il est à peine besoin de dire que si l'impôt sur les successions était une simple prime d'assurances, s'il n'était que la rénumération du service rendu par l'Etat à l'héritier ou au légataire, il ne comporterait pas de taux différents suivant que le bénéficiaire est un parent plus ou moins éloigné du défunt. La loi fixale présume que la faculté contributive augmente au fur et à mesure que la parenté s'éloigne et cette présomption est très raisonnable parce qu'au fur et à mesure que la parenté s'éloigne l'héritage était moins attendu et que par suite un prélèvement plus fort est plus facile à supporter. Ce sont là sans doute des conséquences qui donnent à l'impôt un caractère personnel, mais ici ce caractère personnel est dans la nature même des choses et dans tous les cas il a reçu de longue date la consécration des lois. La graduation des taux par rapport à l'importance des parts héréditaires repose exactement sur les mèmes idées. Elle n'a rien de plus choquant que la graduation par rapport à l'éloignement de la parenté ; elle se justifie au contraire parfaitement par des motifs analogues. Que les facultés normales, permanentes des contribuables soient strictement proportionnelles à leurs ressources et que les impôts prélevés tous les ans, sur les différentes formes de leur revenu, doivent respecter cette proportionnalité, c'est une question dont la solution n'est pas le moins du monde liée à celle que nous traitons. En matière de succession, il s'agit de mesurer la faculté contributive exceptionnelle qui résulte d'un fait déterminé et de frapper un accroissement accidentel de richesse. Plus cet accroissement est considérable, plus grand est l'avantage que la loi garantit à l'héritier, plus grande aussi est la faculté imprévue qui en résulte. On pourrait ajouter que très souvent l'importance de la part recueillie tient aux prédécés d'héritiers du même rang ou d'un rang antérieur et qu'ainsi l'ayant-droit profite d'une sorte de mutation virtuelle qui n'a donné lieu au paiement d'aucune taxe. Un père a deux fils, s'ils vivent tous deux au moment de sa mort, chacun héritera de la moitié. Si l'un disparaît avant son père et avant son frère, ce dernier recueillera la succession toute entière, alors qu'une moitié aurait pu être l'objet de deux mutations. Dans bien des cas, la graduation sera donc justifiée non seulement par l'enrichissement même, mais par les mutations qui ont implicitement contribué à la formation de la part. *(Documents parlementaires.* Chambre. Session de 1894. Annexe 885, p. 1247, 3e colonne).

Ainsi la légitimité de l'impôt progressif en matière successorale est telle qu'elle a été affirmée par M. Casimir-Périer, l'un des chefs de la ploutocratie actuelle et par M. Poincaré, l'un des membres les plus remarquables mais les plus modérées du Parlement. Ces deux autorités pourraient me dispenser d'insister ; je tiens cependant à examiner et à refuter en quelques mots les arguments les plus connus des adversaires de l'impôt progressif ; ces arguments sont de trois sortes : 1° cet impôt est un impôt de spoliation ; 2° il est contraire au précepte de la Révolution française qui a proclamé que chaque citoyen doit à l'Etat en proportion de ses facultés ; 3° il effraiera les capitaux et les fera sortir de France, ce qui causera pour le pays un appauvrissement général.

En réponse à la première de ces objections, je ferai simplement remarquer que l'impôt progressif, même avec le taux élevé que je préconise, ne commencerait à mériter le gros mot de spoliation que lorsque la fortune laissée par le défunt serait supérieure à 10.000.000. Dans ce cas, en effet, le malheureux héritier ne pourrait plus recueillir que la somme de 6.000.000 qui, malgré sa modestie, me paraît assez élevée pour le sauver, momentanément du moins, de la misère. Vous me permettrez sans doute, mes frères, de ne pas m'apitoyer outre mesure sur le sort de ce pauvre hère qui ne posséderait plus que la bagatelle de 300.000 fr. de rente.

Le deuxième argument n'est pas exact ; l'article XIII de la Déclaration des droits de l'homme dispose en effet : « pour l'entretien de la force publique et pour les dépenses d'administration une contribution commune est indispensable. Elle doit être également répartie entre tous les citoyens, *en raison de leurs facultés.* » Or, il n'est pas douteux que les facultés contributives des citoyens ne sont pas proportionnelles à leurs fortunes, encore moins à leurs revenus. Il est évident, en effet, que celui qui ne possède qu'un faible revenu ne peut en distraire qu'une très minime partie en faveur de l'Etat tandis que celui qui possède des revenus considérables peut, tout en continuant à mener une large existence, faire l'abandon d'une fraction importante de son superflu au profit du Trésor Public. La progression dans l'impôt répond donc à l'idée même de justice et est l'équitable application des principes de la Révolution Française. La théorie contraire ne peut être soutenue que par un aveuglement incompréhensible où une insigne mauvaise foi. Quant au troisième argument des adversaires de l'impôt progressif, qui consiste à soutenir que l'application de cet impôt fera fuir les gros capitalistes de France, je veux croire qu'il est contraire à la vérité. Je veux croire, en effet, que les défenseurs de ces archimillionnaires les calomnient ; je veux croire que chez ces favorisés du sort, l'amour de l'or n'étouffera pas l'amour de la patrie, et qu'ils sauront faire le sacrifice de leur superflu qu'exige l'intérêt général ; je veux croire, enfin, qu'entre l'amas de billets de 1.000 fr., de rouleaux d'or, de titres de rente qui leur seront échus et le sol natal, leur préférence ira à ce dernier. Mais si mes prévisions étaient déçues, s'il ne restait plus chez ces ploutocrates qu'un seul culte, celui du veau d'or, j'estime que la patrie ne perdrait pas grand chose à la fuite de ces nouveaux émigrés ; j'estime surtout que le bénéfice que retireraient l'agriculture, l'industrie et le commerce français, enfin délivrés de la pieuvre juive et judaïsante qui les étreint actuellement, compenserait et au-delà la légère perte d'intérêts que pourrait entraîner l'exode de ces millions si jalousement conservés.

Mes frères, un seul point me reste à examiner, celui de l'emploi des *sommes considérables* que recueillerait ainsi l'Etat; la limitation du droit d'héritage *ab intestat* au 4e degré et celle du droit de tester auraient pour résultat, ainsi que je l'ai établi précédemment, de procurer une ressource annuelle de 200 millions; la progression de l'impôt entraînerait une deuxième ressource qui ne serait certainement pas inférieure à 100 millions, ce qui donnerait un chiffre total de 300 millions dont l'Etat pourrait disposer.

L'origine même de ces deniers en dicte, à mon avis, la destination.

Prélevés sur la richesse, ils devraient être employés à soulager la misère. Une première moitié serait consacrée à la protection de l'enfance; je voudrais que lorsque le père et la mère sont forcés de quitter le modeste intérieur familial pour aller gagner au dehors le salaire nécessaire à leurs besoins, on ne laissât pas l'enfant seul abandonné livré à tous les mauvais exemples de la rue, exposé à tous les accidents, à toutes les contagions, à toutes les maladies; je voudrais qu'à ces malheureux enfants sur lesquels dès leur entrée dans la vie s'appesantit la rude main de la misère, la société miséricordieuse vienne en aide, qu'elle leur ouvre le cœur et l'intelligence, qu'après les avoir préservés de la maladie elle les sauve du mal, qu'elle les mette à même d'affronter avec quelques chances de succès la dure lutte pour la vie dans laquelle ils sont nécessairement à l'heure actuelle toujours vaincus, qu'elle leur enseigne qu'ils ont des devoirs envers elle après avoir elle-même rempli son devoir envers eux. Je voudrais enfin qu'à

tous ces enfants on ne jetât pas l'éternel anathème :
« Malheur aux pauvres. »

Mes frères, j'estime qu'en ce faisant la société outre
qu'elle satisferait à une obligation sacrée travaillerait
également pour son propre profit. Il est bien certain,
en effet, que quelques mesures de précaution, prises
en temps utile, auraient pour résultat de diminuer
cette mortalité enfantine qui fait dresser devant les
yeux de tous les patriotes angoissés le douloureux
spectre de la dépopulation ; puis, qui sait si parmi ces
jeunes intelligences détournées du mal, ouvertes au
bien, il ne se trouverait pas quelque jour un de ces
génies qui rendent au centuple à leur patrie les bien-
faits qu'ils en ont reçus et qui sont en même temps
la gloire de l'humanité.

Mais le devoir de la société ne me paraît pas
entièrement rempli si elle se borne à la seule protection
de l'enfance ; il existe, en effet, une seconde catégorie
de citoyens, qui, comme les enfants, ont droit au
secours et à l'assistance, j'ai nommé les vieillards.

Lorsqu'au déclin de la vie le travailleur est accablé
par l'âge et les infirmités, il se voit brutalement chassé
de l'atelier, de l'usine ou du bureau où il a pendant si
longtemps occupé sa place ; on le remplace par un con-
current plus jeune, plus actif, et souvent moins coû-
teux ; cependant, ce vieillard, qui a réussi par un
labeur opiniâtre à subvenir à ses besoins n'a point
d'économies ; le chômage, les maladies, l'éducation de
sa famille se seraient d'ailleurs chargées de les absor-
ber dans le cas où, par un hasard extraordinaire, il
aurait pu mettre de côté quelques sous péniblement
amassés. Alors à ce malheureux qui est sans ressources, la société marâtre offre un grabat d'hôpital, à
moins qu'elle ne le fasse condamner pour délit de

vagabondage ; devant cet honnête homme se pose donc ce terrible dilemme : le suicide ou le déshonneur. Puis un matin les journaux apprennent à l'opinion publique douleureusement stupéfaite qu'une famille entière a réuni ses derniers centimes pour l'achat d'un boisseau de charbon et qu'elle a quitté cette vie où la misère ne lui permettait plus de rester. Mes frères, une société, un Etat qui ne prennent aucune mesure pour prévenir le retour de pareils scandales commettent un crime. Je voudrais donc que la seconde moitié des sommes dont je parlais tout à l'heure fut employée à doter assez richement les caisses de retraite pour la vieillesse, pour que ces invalides du travail aient, sinon l'aisance, du moins le strict nécessaire. Je voudrais qu'on put se rendre compte de la différence qui doit exister entre une Monarchie et une République ; je voudrais surtout que le mot de fraternité ne soit pas simplement inscrit sur les murs des édifices publics et qu'il corresponde enfin à une réalité. Mes frères, j'ai terminé mon étude et je vous demande la permission de la résumer en quelques mots : L'héritage peut être admis dès lors qu'il est restreint aux membres les plus proches de la famille et que les successions *ab intestat* ne dépassent pas au maximum le quatrième degré. Mais il est nécessaire que cet héritage soit limité et qu'il contribue aux charges communes de l'Etat dans une proportion d'autant plus considérable qu'il est lui-même plus élevé ; il est donc indispensable d'une part que les articles 755 et 916 du Code civil soient revisés, d'autre part qu'une progression savamment calculée s'oppose à l'édification de ces fortunes mondiales qui sont à l'heure actuelle un objet de scandale public.

Avant de quitter cette place, laissez-moi, V∴ M∴
et vous tous mes fr∴, vous remercier de la bienveil-
lante attention que vous n'avez cessé de me prêter
pendant la lecture de ce long et fastidieux travail.
Mon excuse de vous avoir ainsi ennuyé est toute dans
l'ardent désir que j'éprouve de me rendre digne de
la faveur que vous m'avez faite en m'admettant
parmi vous. Je ne sais si mes trop faibles facultés me
le permettront; mais je puis, en tous cas, vous assurer que par un travail assidu, par une collaboration
constante, par un dévouement ininterrompu aux intérêts maçonniques, je m'efforcerai de ne pas vous faire
trop regretter le vote flatteur dont j'ai été l'objet.

Alger — Imp. S. LÉON, r. de Tanger, 15